अनुभूति

जीवन की धूप-छाँव

नवीन चौहान

BookLeaf Publishing
India | USA | UK

Made with ❤ on the BookLeaf Publishing Platform
www.bookleafpub.in
www.bookleafpub.com

Dedication

यह पुस्तक समर्पित है माँ के उस आँचल को, जहाँ जीवन का हर सुख सिमटा है और पिता के उन कंधों को, जिन्होंने मुझे दुनिया को ऊँचाई से देखना सिखाया है।

आप दोनों के निश्छल प्रेम और संस्कारों की थाती को मेरी यह पहली काव्य-कृति "**अनुभूतिः जीवन की धूप-छाँव**" सप्रेम भेंट।

Preface

जीवन तिथियों और तारीखों का बदलना मात्र नहीं है, बल्कि अनुभूतियों का एक अंतहीन सागर है। हम सभी इस सागर के यात्री हैं, जहाँ कभी आकांक्षाओं का ज्वार हमें आकाश छूने का अहसास कराता है, तो कभी नियति का भाटा हमें यथार्थ के चट्टानी धरातल पर ला पटकता है।

यह काव्य-संग्रह "**अनुभूतिः जीवन की धूप-छाँव**" मेरे उन मौन संवादों का परिणाम है, जो मैंने स्वयं से किए हैं। इसमें संकलित कविताएँ एक वृहत शून्य से उपजी हैं, जहां सत्य कहीं कोई ओट लिए छिपा है और जिसकी हम सभी को तलाश है।

हम जब भी कभी अपने व्यक्तिगत या सामाजिक जीवन की आपाधापी में थककर ठिठकते और ठहरते हैं, तब मन के झरोखे से कई प्रश्न झाँकते है। इस संग्रह की यात्रा इन्ही शाश्वत प्रश्नों से शुरू होकर बचपन की मासूमियत, यौवन के संघर्ष, और वृद्धावस्था की उस शांति तक जाती है, जहाँ शब्द मौन हो जाते हैं और केवल आत्म-बोध शेष रह जाता है। इन पंक्तियों में आपको कहीं संकल्प की दृढ़ता मिलेगी, जो अंधेरों को चीरकर निकलने का साहस देती है, तो कहीं स्मृतियों के स्वर्णपात्र मिलेंगे, जिनमें बीता हुआ समय आज भी सुरक्षित है।।

यह पुस्तक एक दर्पण है - उन तमाम अनुभूतियों का जो हर इंसान के भीतर सोई हुई हैं। मेरी कोशिश केवल इतनी रही है कि मैं अपनी कलम से जीवन की मृग-मरीचिका का आवरण हटा सकूँ और पाठक

को उस प्रकाश की ओर ले जा सकूँ, जहाँ जीवन का अलौकिक सत्य मुस्करा रहा है।

आशा है कि इस यात्रा में आप भी स्वयं को कहीं न कहीं अवश्य खोज पाएंगे।

Acknowledgements

"**अनुभूतिः जीवन की धूप-छाँव** " मेरे जीवन के कुछ संघर्षों, अनुभवों और आत्म-साक्षात्कार का निचोड़ है। शब्द जब अंतर्मन की गहराइयों से निकलकर पन्नों पर उतरते हैं, तो वे अकेले नहीं होते। उनके पीछे कई अदृश्य हाथों का संबल और अपनों का आशीर्वाद होता है।

सबसे पहले मैं अपने ईष्ट-देव को नमन और प्रणाम करता हूँ, जो मेरे ह्रदय में हैं और जिनकी मुझ पर सदैव असीम अनुकम्पा रही है।

मैं अपने माता-पिता के प्रति भी कृतज्ञता व्यक्त करता हूँ, जिन्होंने मुझे न केवल जीवन दिया, बल्कि सत्य और असत्य को परखने की दृष्टि भी दी। इस यात्रा में मेरे माता-पिता मेरे मार्गदर्शक स्तंभ रहे हैं। उन्हें मेरा कोटि-कोटि नमन। उनकी प्रेरणा ही इस 'अनुभूति' का मूल आधार है।

लेखन के बीच अनेकों बार मेरी कविताओं को सुनने और परिष्कृत करने के लिए अपने निश्छल सुझावों के लिए मेरी पत्नी डिंपल, पुत्र वेदांत और पुत्री तृषा का विशेष आभार।

मेरे अभिन्न मित्रों और शुभचिंतकों का धन्यवाद, जिन्होंने हर कदम पर मेरा उत्साहवर्धन किया और अपनी बहुमूल्य प्रतिक्रियाओं से मुझे प्रोत्साहित किया। मैं विशेष रूप से ब्रिगेडियर पंकज सेठी, सेना मैडल का आभारी हूँ, जिन्होनें मेरी कविताओं को समझा और सदैव मेरा उत्साहवर्धन किया।

मैं अपने जीवन के उन सभी उतार-चढ़ावों का भी आभारी हूँ, जिन्होंने मेरी संवेदनाओं को शब्दों में पिरोने का साहस प्रदान किया। उन क्षणों का भी आभार, जिन्होंने मुझे जीवन की गंभीरताओं के बीच मुस्कराने का अवसर दिया।

अंत में, मैं उन सभी पाठकों का अग्रिम आभार व्यक्त करता हूँ, जो इस यात्रा में मेरे सहभागी बनेंगे। आपकी संवेदनशीलता ही मेरी लेखनी की सार्थकता है।

यह कृति आप सभी की शुभेच्छाओं का प्रतिफल है।

1. जीवन

जीवन संघर्षों की एक ऐसी अविरल धारा है, जहाँ एक ओर आकांक्षाओं के ज्वार उठते हैं, तो दूसरी ओर नियति की चट्टानें उनसे टकराती हैं। प्रस्तुत कविता मानवीय मन के इसी अंतर्द्वंद्व की एक अभिव्यक्ति है। यह कविता मनुष्य को प्रारब्ध और विपरीत परिस्थितियों के चक्रव्यूह से निकलकर 'कर्मयोगी' बनने का मार्ग दिखाती है। यह उस अटूट विश्वास की बानगी है, जो अंधकार को चीरकर प्रकाश की किरण खोजने का साहस रखती है।

~~~~~~~~~~~~

अभिलाषाओं की गठरी ढोते,
आंखों में अविचल आस लिए,
हर व्यक्ति यहां आवेशित है,
कुछ स्वप्नों का संसार लिए।

अंतर्मन में कई द्वंद्व छिपे हैं,
आशाओं पर लगे हैं प्रश्न सघन,
भाग्य कर्म की इस उठा-पटक में,
व्यथित हो रहा है मानव मन।
~~~~~~~~~~~~

इस कर्मभूमि में प्रतिक्षण प्रतिपल,
हैं शक्ति पा रहे कंटक-प्रस्तर,
फूट रही हर नव-कोंपल को,
अविलंब सुखा देने को तत्पर।

हैं ग्रहण ग्रसित यहां सूर्य-चंद्र,
है राहु का डंका बोल रहा,
प्रलय सिंधु सम इस जीवन में,
मानव तिनका बन कर डोल रहा।

तांडव करते हैं यहां चक्रवात,
हर नीड़ नष्ट कर देने को,
विदीर्ण हो रही कर्म शिला,
प्रारब्ध विवश है रोने को।

पर बन कर्मयोगी, उठो ऐ मनुष्य !
अड़ो, डटो, प्रलय में भी रहो अटल।
मोड़ घनघोर चक्रवातों का पथ,
पाओ बाहु ऊर्जा से जीवन फल।

निश्चय पतंग को उड़ान दे
जब आशा की पक्की डोर,
स्वप्न सुखद फलित होंगे,
जीत कर द्वंद्ध संघर्ष घोर।

उदित होगा आलोक जीवन में,
चीर स्याह बादलों के छोर,

चमकेगी निर्मल रश्मि झिलमिल,
होगी अभिलाषाओं की भोर।

होगी ईश्वर कृपा, खिलेगी कमलिनी,
पंक श्याम से निकले कमल धवल,
जीवन गंगा बहे यूँ ही अविराम सतत,
आनंदित रहे प्राण, यही तो है जीवन।

~~~~~~~~~~~~

यह कविता निराशा के गहन सागर में आशा के तिनके के समान नहीं, बल्कि एक सुदृढ़ नौका के समान है। यह हमें सिखाती है कि बाधाएँ केवल हमें रोकने के लिए नहीं, बल्कि हमारे संकल्प को परखने के लिए आती हैं। जीवन की सार्थकता केवल जीवित रहने में नहीं, बल्कि परिस्थितियों को अपनी 'बाहु ऊर्जा' से मोड़ देने में है। अंततः, जब संघर्ष और संकल्प का मिलन होता है, तभी मनुष्य के भीतर का 'धवल कमल' प्रस्फुटित होता है, जो जीवन को पूर्णता प्रदान करता है।
~~~~~~~~~~~~

2. अनुभूति

जब शब्द मनुष्य की आंतरिक शून्यता से निकलते हैं, तो 'अनुभूति' जैसी रचना का जन्म होता है। यह कविता उस अस्तित्ववादी संकट का दस्तावेज़ है, जहाँ व्यक्ति भीड़ के कोलाहल में भी स्वयं को नितांत एकाकी पाता है। प्रस्तुत कविता में यथार्थ के प्रकाश और उस अंधकार की अनुभूति का वर्णन किया है, जो मनुष्य के भीतर व्याप्त है। यहाँ जीवन एक 'भूल-भुलैया' है और इच्छाएं एक 'मकड़जाल'। यह रचना हमें उस शाश्वत प्रश्न के सम्मुख खड़ा करती है कि - अंततः हम कौन हैं और इस अनंत पथ पर हमारा सहचर कौन है? यह कविता हमें बाह्य जगत से हटाकर आत्म-साक्षात्कार के उस कठिन मार्ग पर ले जाती है, जहाँ मौन और रहस्य का साम्राज्य है और कई अनसुलझे प्रश्न हैं।

~~~~~~~~~~~~

जीवन के कोलाहल-हलचल में भी
मैं सिर्फ नीरवता ही पाता हूं।
प्रकाश यथार्थ में भी स्वयं को,
सदैव तिमिर निमज्जित पाता हूं।

मैं क्यूं मानू इस प्रकाश का,
~~~~~~~~~~~~

कुछ अंश मेरा भी हो सकता है?
सीमाहीन अनंत अंधकार में,
यह दिवास्वप्न सा लगता है।

अभिलाषाओं के मकड़जाल में,
दीन कीट सम जकड़ा हूं।
अविलंब डसने निगलने को आतुर,
हर ओर भयावह भक्षक पाता हूं ।

मुक्ति की छटपटाहट है मन में,
पर असहाय स्वयं को पाता हूं।
भूल भुलैया सम इस जीवन में,
हर द्वार बंद ही पाता हूं।

समय चक्र की तीव्र गति में,
सूक्ष्म धूल कण सम उड़ता हूं।
विगत स्मृतियों के खंडहर में,
स्वयं को नितांत एकाकी पाता हूँ।

विचार-भाव उमड़ते मन में,
शुष्क कंठ में ही फँस जाते हैं।
अभिव्यक्ति की चिर चेष्टा में,
सदैव मूक ही मैं रह जाता हूं।

वह सत्य जिसे सबने है पाया,
मृग-मरीचिका क्यों लगे मुझे?
चक्रवात सम गहरे इन प्रश्नों के,

उत्तर कभी नहीं पाता हूं।

इस जीवन के आगे क्या है?
यह रहस्य मुझे अकुलाता है।
एकाकी हूंगा उस पथ पर भी,
यह अनुभूति ही पाता हूं।

~~~~~~~~~~~~~

'अनुभूति' एक ऐसी काव्य-यात्रा है जो विसंगतियों से शुरू होकर आत्म-बोध की व्याकुलता पर समाप्त होती है। 'मृग-मरीचिका' और 'चक्रवात' जैसे प्रतीक यह सिद्ध करते हैं कि ज्ञान और शब्द अक्सर सत्य की खोज में बौने सिद्ध होते हैं। कविता का समापन उस 'परम यथार्थ' की स्वीकृति है कि जीवन के इस पार और उस पार, मनुष्य की नियति 'एकाकी' होना ही है। यह रचना यह सोचने पर विवश करती है कि जीवन के कोलाहल में गूँजती वह 'नीरवता' ही शायद हमारा सबसे बड़ा सच है। यह एक मूक पुकार है, जो शब्दों के माध्यम से अपना अर्थ खोज रही है।
~~~~~~~~~~~~~

3. स्वप्न

स्वप्न चेतना के वातायन और सृजन के प्रथम पग हैं - ये अवचेतन की गहराई से झाँकते हुए प्रतीत होते हैं। जहाँ मनोविज्ञान दमित आकांक्षाओं को खोजता है, वहीं दर्शन माया से परम प्रकाश तक सीढ़ी रचता है। यह कविता उसी दिव्य द्वंद्व को अलंकृत भावों में प्रकट करने का एक प्रयास है। ये कविता सपनों को आशा-बैसाखी बनाकर जीवन-पथ रोशन करती है।

~~~~~~~~~~~~

नभ के नीले अंचल में,
छिटकी ज्यों चाँदनी धवल,
मानस के निर्जन पटल पर,
सजते सपने चपल-विकल।

मरुथल की मृगतृष्णा नहीं,
नहीं छलावा मात्र ये,
अंधियारी रातों में जलते,
स्वर्ण-दीप्ति के पात्र ये।

अंधे गहन गर्त में जैसे,
~~~~~~~~~~~~

चमके कोई ज्योति-रेखा,
स्वप्न वही हैं जिसमें,
मन ने भावी वैभव देखा।

अवचेतन की मूक कंदरा,
जहां लगते विचारों के डेरे,
सुप्त स्वप्न भी संज्ञान कराते,
नव संकल्प नित प्रातः सवेरे।

दमित आस्था, अधूरी चाह,
के घने कुहासे में लिपटे,
हृदय-सिंधु के गहन मंथन से,
नवनीत सदृश नित निकले।

अंतर्द्वंद्व अग्नि जब जलती,
झुलसे अंतरात्मा और बदन,
बन शीतल चंदन औषधि लेप,
शांत करते ये व्याकुल मन।

मारीच माया भी हैं सपने,
मिथ्या जगत का आभास,
एक सीढ़ी भी बन जाते ये,
पाने को दुर्लभ परम-प्रकाश।

अज्ञानता के तिमिर-जाल में,
जब जब भटके मानव-मन,
आत्मज्ञान से संपर्क कराते,

ये हैं अलौकिक स्वर्ण-कण।

कर्मयोगी के कठिन मार्ग पर,
हरियाली बन छा जाते सपने,
गीता के निष्काम भाव का,
पावन राग भी सुनाते सपने।

प्रेरणा के बीजों को बोते,
करते उर्वर चित्त-धरा,
स्वप्न सिक्त मन भूमि बनती,
सिंचित और सरस-हरा।

मानस-पटल पर अंकित करते,
भविष्य चित्र की अमिट छाप ,
मूर्त रूप निश्चित कर जाते,
दे पुरुषार्थ शक्ति का ताप।

सूक्ष्म जगत के ये शिल्पी,
स्थूल को भी स्वरूप दिलाते,
साधक के तप संघर्षों में,
नव-प्राणों का संचार कराते।

विफलता के संशय-बादल,
पल में ही छँट जाते हैं,
स्वप्न-दीप की लौ में जलकर,
सारे भय भस्म हो जाते हैं।

नकारात्मकता के विष को,
अमृत में जो ढाल सकें,
स्वप्न वही जो वर्तमान को,
स्वर्ण-काल तक पाल सकें।

आत्मा के शुचि दर्पण ये,
निज परिचय करवाते हैं,
मन की गहरी गुफाओं से,
सत्य-रत्न ले आते हैं।

बाहर के बिखराव जगत के,
मन भीतर ही समेटते ,
स्वप्न चेतना के उपवन में,
पारिजात सम खिल जाते।

व्यष्टि नहीं, समष्टि की भी,
ये हैं मौन पुकारें,
सामूहिक चेतना के ये धागे,
मानिक रत्न पिरोते।

वसुधा के अगणित रहस्यों के,
ये उद्गाता हैं बन जाते,
एक सूत्र में मानवता को,
ये स्वप्न ही बुन पाते।

सावधान! ये मोह-पाश बन,
पथ से भी भटकाते हैं,

मरीचिका के मृग लोक में,
कभी-कभी उलझाते हैं।

विवेक-रश्मि कसौटी पर,
है इन्हें कसना अनिवार्य,
सिद्ध होता है जीवन में,
तभी कर्म-योग का कार्य।

आशा की बैसाखी बनकर,
जो थामे हैं थके चरण,
मनो-दर्शन के सारथि ये,
करते संशय का हरण।

निशा की नीरवता में भी,
उम्मीदों की ज्योति जलाते,
उन्नति के शिखर दिखलाना,
स्वप्नों की है दिव्य कला।

स्वप्न ईश के चिर वरदान,
सृजन-शक्ति का मूल आधार,
श्रद्धा और विश्वास संजोकर,
कराते भव-सिंधु भी पार।

सत्य-कर्म की नौका पर जब,
स्वप्न-पाल चढ़ जाते,
सिद्धि और सफलता के तट,
सहज निकट आ जाते।

~~~~~~~~~~~~

स्वप्न न केवल मन की कल्पना हैं, अपितु कर्म की प्रेरणा और आत्मा की पुकार हैं। विवेक से संयोजित ये जीवन को सिद्धि के तट पर पहुँचाते हैं - एक शाश्वत सत्य कि सपने देखना ही सृजन का प्रथम पग है।
~~~~~~~~~~~~

4. संकल्प

जीवन के संघर्षों में कई बार ऐसा मोड़ आता है जब बाहर गहरा अंधेरा होता है और भीतर दुविधा का शोर। ऐसे में केवल एक ही शक्ति है जो हमें टूटने से बचाती है, और वह है हमारा 'संकल्प'। यह कविता उन्हीं उलझनों, संशयों और अंततः एक अडिग निश्चय की कहानी है, जो बताती है कि जब कोई साथ न हो, तो हमारा आत्मविश्वास ही हमारा सबसे बड़ा साथी बनता है। अंधकार केवल प्रकाश की अनुपस्थिति नहीं है, बल्कि वह समय है जब हम अपने भीतर की ज्योति को खोजने के लिए विवश होते हैं। यह कविता, मनुष्य के उसी आंतरिक द्वंद्व और संशय के कुहासे को चीरकर निकलने वाली एक किरण है। यह एक यात्रा है - अकेलेपन से सामर्थ्य तक की।

~~~~~~~~~~~~

रैना सम जीवन बीता जाता,
समय अल्प, हैं लक्ष्य अपूर्ण,
थकी देह है, विचलित मन,
संकल्पों का है युद्ध सघन।

कहीं छिपी है मेरी मंजिल,
~~~~~~~~~~~~

बहकाते हैं कुछ स्वप्न मुझे।
बीती जाती है यह घड़ियां,
पथ है लेकिन उलझे-उलझे।

उठते कदम थम जाते हैं,
दुविधा के लिपटे सायों से।
हृदय की ज्वाला लगे बुझने,
संशय के बादल छाने से।

हर ओर कुहासा घेरे है,
होते जाते हैं नेत्र मलिन।
रह दिखाता प्रकाश पुंज भी,
थक कर हो चुका अब क्षीण।

भेद कर इस अंधकार को,
बाधाओं के पार है जाना मुझे।
इस मंजिल को तो पाऊंगा ही,
सितारों के आगे है जाना मुझे।

विद्युत सी कौंधे एक आशा,
मन के भीतर चमक उठे।
नए प्रण से भर जाए मन,
बिखर जाएं सब संकोच परे।

क्या हुआ दूर हैं जो मेरे अपने?
साथी मेरा अब संकल्प बनेगा।
डूबेगा अवश्य दुविधा का सूरज,

निश्चय का चांद चमकेगा।

उग आएगा जब नया सवेरा,
प्रभात की किरणें बरसेंगी।
सफलता गाएगी विजय गान,
जीवन की बगिया हर्षेगी।

~~~~~~~~~~~~

प्रस्तुत कविता 'संकल्प' मनुष्य की अजेय जिजीविषा का उद्घोष है। यह रचना बताती है कि बाधाएं बाहरी जगत में उतनी प्रबल नहीं होतीं, जितनी हमारे भीतर के संशयों में होती हैं। कविता का सफर 'रैना सम जीवन' के अकेलेपन और 'कुहासे' के डर से शुरू होकर 'निश्चय के चांद' की शीतलता तक पहुँचता है। यह कविता यह स्पष्ट संदेश देती है कि जब व्यक्ति अपनी दुविधाओं का त्याग कर अपने संकल्प को ही अपना 'सहयात्री' बना लेता है, तब सफलता केवल एक लक्ष्य नहीं रह जाती, बल्कि एक उत्सव बन जाती है। यह कविता हर उस व्यक्ति के लिए एक संबल है जो अंधेरी रातों में सूरज के उगने की प्रतीक्षा नहीं करता, बल्कि अपने भीतर एक नया सवेरा रचने का साहस रखता है।

~~~~~~~~~~~~

भीड़ में तो सब चलते हैं, तू चल अकेले और इतिहास बना,
साथ छोड़ दें साये भी तेरे, तू स्वयं को अपना विश्वास बना।

राह की ठोकरों के न गिरेगा तू, यदि तूने मन में ठान लिया,

पराजय भी विजय बनेगी, यदि तूने स्वयं को पहचान लिया।

~~~~~~~~~~~~
~~~~~~~~~~~~

5. यादें

यह कविता मानवीय संवेदनाओं और समय के अनवरत चक्र का एक दर्पण है। जीवन सदैव एक सा नहीं रहता; यहाँ सफलता का उल्लास है तो विफलता का सन्नाटा भी। यह कविता उस दौर की गाथा है जहाँ अतीत के सुनहरे गलियारे वर्तमान की वीरानियों से टकराते हैं। जब हाथ से सत्ता, साथ और समय निकल जाता है, तब केवल स्मृतियाँ ही अवशेष रह जाती हैं। यह रचना पाठक को एक ऐसे सफर पर ले जाती है जहाँ खोए हुए वैभव का मलाल भी है और शेष जीवन को यादों के सहारे जीने का अटूट संकल्प भी।

~~~~~~~~~~~~

बीते समय की वो यादें,
पल पल ऐसी आती हैं,
मन के टूटे तारों को भी,
फिर झंकृत कर जाती हैं।

एक समय था, सब अपने थे,
चढ़ता अपना सूरज था,
रंग अपना था, ओज अपना था,
सिक्का अपना चलता था।
~~~~~~~~~~~~

मैं दुनिया के आगे था,
और दुनिया मेरे पीछे थी,
धुन मैं अपनी चलता था,
मुट्ठी मैं लक्ष्यों को बांधे था।

समय का पलड़ा ऐसा पलटा,
किस्मत मुझसे रूठ गई,
मुट्ठी मेरी बंद रह गई,
रेत स्वप्न की फिसल गई।

मेरे अपने मुझसे बिछड़ गए,
मेरा मेला सूना हो गया,
रह गईं सिर्फ हैं, कुछ यादें,
मेरा जीवन ऐसे निपट गया।

दिन छोटे और रातें लंबी,
अब नींद पराई लगती है,
सपनों में भी हैं चेहरे धुंधले,
मित्र सखा जो कभी अपने थे।

हवाओं में तैरते शब्द पुराने,
बातें पत्तों पे बिखरी बूंदों सी,
मन में बची है सिर्फ उदासी,
दिल में यादें खोई-खोई सी।

कभी कहीं कोई हँसी गूँजती,

आँसुओं की कभी बारिश बरबस,
पुरानी डायरी के पन्नों में ही,
सिमट रह गई कहानी अब बस।

यादों का ही अब साथ बचा है,
सपने टूटे, नाते छूटे, बिखरे सारे मीत,
यादें ही हैं अब सखा सहारे,
यादें शेष जीवन के गीत।

इस पीड़ा को अब सहना होगा,
यादों के बोझ को ढोना होगा,
मिले अगर वो रास्ता दोबारा,
यादें संजोए, फिर चलना होगा।

~~~~~~~~~~~~

यह कविता केवल अतीत का विलाप नहीं, बल्कि जीवन की नश्वरता का स्वीकार है। "रेत की तरह फिसलते स्वप्न" और "सूने मेले" के माध्यम से एकाकीपन की चरम अवस्था को स्वर दिया है। कविता का अंत इस सत्य को रेखांकित करता है कि स्मृतियाँ भले ही भारी बोझ की तरह हों, लेकिन वही हमारे अस्तित्व का आधार और कठिन समय की सखा भी होती हैं। उतार-चढ़ाव जीवन के अभिन्न अंग हैं, और अंततः अपनी ही यादों को संजोकर फिर से चलने का नाम ही जीवन है।
~~~~~~~~~~~~

6. नियति

जीवन का पथ न तो सीधा है और न ही सपाट। यहाँ पग-पग पर संशय की धुंध है और बाधाओं के शूल हैं। अधिकांश लोग परिस्थितियों के प्रवाह में बह जाते हैं - कभी कांटों से डरकर रुक जाते हैं, तो कभी लहरों के थपेड़ों से दिशाहीन हो जाते हैं। लेकिन इतिहास साक्षी है कि शिखर पर केवल वही पहुँचा है जिसने 'भाग्य' के भरोसे बैठने के बजाय 'कर्म' को अपना धर्म चुना। प्रस्तुत पंक्तियाँ एक आह्वान हैं - स्वयं को जगाने का, अपनी आंतरिक शक्ति को पहचानने का और परिस्थितियों का दास बनने के बजाय अपनी नियति का स्वामी बनने का। यह कविता उस अदम्य साहस का जयघोष है जो शून्य से शिखर तक की यात्रा तय करने का हौसला रखता है।

~~~~~~~~~~~~

न वो पथिक बन,
जो कांटों में ठिठका,
न वो नाविक बन,
जो लहरों में भटका।

निश्चय कर, प्रण कर,
कर संकल्प, ले शपथ,
~~~~~~~~~~~~

तू बन नायक सिर्फ,
अपनी नियति का।

बाधाएं तो आएंगी ही,
ये रीति है संसार की,
पर तू न देख सुगमता,
तू शक्ति देख प्रहार की।

तू शून्य से आरंभ कर,
तू शिखर का आधार बन,
तू हार की परछाईं तज,
तू जीत की हुंकार बन।

तू क्यों कहे कि भाग्य ने,
मुझको दिया उपहार कम?
तू भुजाओं में वेग भर,
और दिखा दे अपना दम।

इतिहास वो रचते नहीं,
जो दया पर जीते यहाँ,
इतिहास वो रचते जो खुद,
अपनी नियति लिखते यहाँ।

मिटा दे हर संशय को,
जला दे तू प्रमाद को,
कर सिद्ध अपनी निष्ठा से,
हर एक आशीर्वाद को।

न रुकना है, न झुकना है,
बस निरंतर चलना है,
तुझे सूरज की तपिश ले,
सोने से कुंदन सा बनना है।

~~~~~~~~~~~~

'नियति' जीवन जीने का एक दर्शन है। हमारी जीत या हार बाहरी संसाधनों पर नहीं, बल्कि हमारे भीतर की निष्ठा और निरंतरता पर निर्भर करती है। जब व्यक्ति हार की परछाईं को त्याग कर जीत की हुंकार भरता है, तो समय भी उसकी राह छोड़ देता है। जिस प्रकार सोना आग में तपकर ही कुंदन बनता है, उसी प्रकार जीवन की कठिनाइयाँ हमें नष्ट करने नहीं, बल्कि निखारने आती हैं। यदि हम रुकने और झुकने से इनकार कर दें, तो हम केवल अपना भविष्य ही नहीं बदलते, बल्कि आने वाली पीढ़ियों के लिए एक प्रेरक इतिहास भी रच देते हैं। अपनी नियति के लेखक हम स्वयं हैं - यही इस काव्य का परम सत्य है।
~~~~~~~~~~~~

7. कोऽहम्: मैं कौन हूँ?

यह कविता अस्तित्ववाद और आत्म-बोध पर आधारित रचना है। इसका मूल विषय मनुष्य के अंतर्मन में उठने वाली वह छटपटाहट है, जो उसे अपनी पहचान, जीवन के उद्देश्य और सृष्टि के रचयिता के बारे में सोचने पर विवश करती है। कविता "मैं" और "वह" (परमात्मा या ब्रह्मांड) के बीच के धुंधले संबंध को रेखांकित करती है। प्रश्नात्मक शैली के माध्यम से कविता में जन्म, मृत्यु, सत्य और नियति जैसे विषयों को एक सूत्र में पिरोया गया है। यह एक ऐसे पथिक की मानसिक यात्रा है जो सत्य की खोज में स्वयं से ही संवाद कर रहा है।

~~~~~~~~~~~~

मैं जब भी अकेला होता हूं,
सोचता हूं कि मैं क्या हूं?
क्या मैं, मैं हूं? या
मैं वह हूं?

वह क्या है, मैं जिसका हूं?
सचमुच जिसका।
वह क्या है जो मेरा है?
सचमुच मेरा।
~~~~~~~~~~~~

क्या है मेरा अस्तित्व?
यदि मैं, मैं हूं, तो मैं क्यों हूं?
कोई और नहीं।
यदि मैं हूं कुछ और, तो वह क्या है?

यह जीवन क्या है? क्यों यह जीवन है?
कौन यह इसका रचेता?
कौन है इसका संचालक?
यदि वह है।

क्या है सत्य?
क्या है मिथ्या?
क्यों है यह रहस्य?
क्यों नहीं है सबकुछ प्रकट?

क्या होगा आगे?
क्या हुआ था पीछे?
कहां से मैं हूं आया?
कहां है मुझे जाना?

मैं क्यों हूं यहां?
कहीं और नहीं?
क्या है मेरी नियति?
क्या होगी मेरी परिणीति?

क्या मिलेंगे इन प्रश्नों के उत्तर कभी?

क्या सुलझेंगे यह रहस्य कभी?
लगता है अभी नहीं!
कभी नहीं!

~~~~~~~~~~~~

यह कविता मानव जिज्ञासा की शाश्वत अभिव्यक्ति है। यह स्वीकार करती है कि ब्रह्मांड के कुछ रहस्य बुद्धि और तर्क की सीमा से परे हैं। कविता का अंत एक यथार्थवादी 'शून्यता' पर होता है, जो यह दर्शाता है कि सत्य को शब्दों में बांधना या पूर्णतः प्रकट करना असंभव है। जीवन केवल उत्तर पाने का नाम नहीं, बल्कि इन अनसुलझे रहस्यों के साथ जीने और निरंतर खोज करते रहने की प्रक्रिया है। यह कविता मनुष्य को अपनी 'लघुता' और ब्रह्मांड की 'विशालता' का बोध कराती है।
~~~~~~~~~~~~

८. स्मृतियों का स्वर्णपात्र: बचपन

बचपन मनुष्य के जीवन का वह वसंत है, जिसकी भीनी सुगंध जीवन भर साथ रहती है। यह वह कालखंड है जहाँ चिंताएँ पराई होती हैं और कल्पनाएँ असीमित। प्रस्तुत कविता बचपन के उन्हीं सुनहरे गलियारों की एक यात्रा है। इसमें न केवल एक बालक की शारीरिक चेष्टाओं का वर्णन है, बल्कि उन भावनात्मक तंतुओं को भी छुआ गया है जो परिवार, प्रकृति और शिक्षा के साथ जुड़कर एक व्यक्तित्व की नींव रखते हैं। यह कविता हर वयस्क के हृदय में दबे उस 'बच्चे' की पुकार है जो आज भी मिट्टी की सौंधी खुशबू और माँ के आँचल में सुकून तलाशता है।

~~~~~~~~~~~~

.किलकारी से गूंज उठा,
घर आंगन और द्वार,
घुटनों घुटनों शुरू हुई ,
बचपन की मधु भोर।
~~~~~~~~~~~~

नन्हे पांवों की ठुमक,
तितली भंवरों संग खेला,
धूल माटी में लिपे सने,
हाथ पाँव मुख रहे मैला।

मां का आँचल खींच कर,
हठ बरबस मनवाना,
ऊँगली पकड़ के पिता की,
चलने को कदम बढ़ाना।

अजब गजब से क्रीड़ा-कौतुक,
मित्र सखा संग मचे धमाल,
तुतलाते मीठे प्रश्न अनेकों,
उत्तर जिनके नहीं मिलते हाल।

रिमझिम गिरें जब बरखा बूंदें,
तैराना नन्हीं कागज़ की नाव,
कीचड़ में करना छपाक-छई ,
घर में घुसना फिर दबे पाँव।

कांधों पर लटका भारी बस्ता,
कलम-किताबें, कई खजाने साथ ,
स्कूल के मित्र और गुरु का ज्ञान,

स्याही में सने नन्हे कोमल हाथ।

छल-कपट से कोसों दूर अभी,
निर्मल हृदय के निश्छल साथ,
न कल के संघर्षों की चिंता,
ह्रदय नहीं कोई अवसाद।

चंदा मामा, परियों की कथाएं,
लोरी वाली रातें सुहानी,
दादी-नानी के आँचल में,
सिमटी सारे जग की कहानी।

छोटी बातों पर लम्बा झगड़ा,
झूठी कट्टी, फिर पल में प्यार,
पल में फिर सब कुछ भूलना,
बचपन का निर्मल मान-मनुहार।

नन्हें मन की उन्मुक्त उड़ान,
खेल खिलौनों में बसा संसार,
कभी ऊँचे काँधे पर आसन,
कभी मिले आँचल की छावन।

सूर्य ढले, आए सांझ की बेला,
थककर सो जाना माँ की गोद,
बिना फिक्र की गहरी निंदिया,
स्वप्न लोक का सुखद बोध।

सपनों का झिलमिल नगर एक,
मिले राजा-रानी सा सत्कार,
बचपन की है छटा अनौखी,
खुशियों का रंगीन संसार।

~~~~~~~~~~~~

यह कविता हमें उस सत्य से साक्षात्कार कराती है कि जीवन की सार्थकता भौतिक सुखों में नहीं, बल्कि उस सरल और निश्छल आनंद में है जो हम बचपन में पीछे छोड़ आए हैं। बचपन का वह "रंग-बिरंगा संसार" हमें सिखाता है कि खुश रहने के लिए बड़े कारणों की नहीं, बल्कि छोटी-छोटी बातों में खुशी ढूंढने वाली दृष्टि की आवश्यकता होती है। यह रचना न केवल पुरानी यादों को ताज़ा करती है, बल्कि वर्तमान की भागदौड़ भरी जिंदगी में हमें थोड़ा ठहरकर मुस्कुराने का अवसर भी प्रदान करती है।
~~~~~~~~~~~~

9. उमंगों का ज्वार : तरुणाई

प्रस्तुत कविता जीवन के उस सबसे संवेदनशील और ऊर्जावान पड़ाव की अभिव्यक्ति है जिसे हम 'तरुणाई' या 'किशोरावस्था' कहते हैं। यह वह समय है जब एक बालक/ बालिका न तो पूरी तरह बच्चा रहता है और न ही वयस्क बन पाता है। यह कविता एक व्यक्ति के शारीरिक परिवर्तनो से लेकर मानसिक द्वंद्वों, पहचान के संकट और सपनों की उड़ान तक के सफ़र को रेखांकित करती है। किशोरावस्था केवल उम्र का बदलाव नहीं, बल्कि आत्मा और व्यक्तित्व के नव-निर्माण का काल होता है।

~~~~~~~~~~~~

बचपन पीछे छूटता,
देहलीज़ करनी नई पार।
रग रग में लगे दौड़ने,
जोशीला सा एक खुमार।

तन-मन के बदलाव का,
तरुणाई का काल,
~~~~~~~~~~~~

नई कामनाएं जागतीं,
उठते मन में सवाल।

कभी बगावत भाव है,
कभी समर्पण मौन,
इस वय में है पूछता,
'आखिर, मैं हूँ कौन?'

आशा उमंग की लहरें,
स्वप्निल पंखों की उड़ान।
इच्छा बंधन बीच द्वंद्व,
एक अधीर शांत तूफान।

मित्रों संग हास्य विनोद,
कभी रहस्यमयी संवाद,
मनभावों के अतिरेक का,
भी अनायास होता नाद।

उलझन है पहचान की,
एक अनूठा मीठा द्वंद्व,
रिश्तों में मिलने लगे,
कुछ नई सुरीली गंध।

कभी दर्पण के सामने,
घंटों तक करना श्रृंगार,
खुद को खुद में ढूँढता,
नया लगे संसार।

दर्पण से बातें करना,
अब अजब अनूठी रीत,
धड़कन संग बजने लगे,
अनजाना सा कोई गीत।

चेहरे पर एक नयी दमक,
मन में थोड़ा सा संकोच,
भीतर पलती जा रही,
गहरी कोई सोच।

बचपन की अल्हड़ता,
होने लगे ओझल,
ज़िम्मेवारी की आहटें,
हृदय को करतीं बोझिल।

खेल-खिलौने छूट गए,
लक्ष्य असंख्य अथाह,
अनजाने से चौराहे पर,
जीवन की है राह।

तरुणा की अंगड़ाई में,
नित एक नई कहानी,
बदल रही है धीरे-धीरे,
जीवन की रवानी।

तर्क-वितर्क की शक्ति का,

जब होने लगे विकास,
सत्य-असत्य को परखने का,
जगता है विश्वास।

कभी जगत वीरान लगे,
कभी लगें लोग अनेक,
छोटी-छोटी बातों पर,
मन में हो कभी अतिरेक।

अहम और स्वाभिमान का,
यूँ ही चलता है संग्राम,
अपनी पहचान बनाने को,
लगन लगी प्रातः शाम।

कच्ची वय का मोड़ यह,
अनुभव की है प्यास,
गलतियों से भी सीख ले,
पाना है अनंत आकाश।

~~~~~~~~~~~~

यह कविता जीवन के एक अनिवार्य संक्रमण काल का दर्पण है। किशोरावस्था भले ही उलझनों और गलतियों का दौर हो, लेकिन यही वह समय है जब व्यक्ति अपने 'अनंत आकाश' को पाने का साहस जुटाता है। कवि ने बचपन के छूटने के दुःख और नई संभावनाओं के उदय के बीच एक संतुलन बनाने का प्रयास किया है। यह कविता हर
~~~~~~~~~~~~

उस व्यक्ति को अपनी लगेगी, जिसने उम्र के इस दौर को जिया है।

10. कर्माग्नि का काल : यौवन

प्रस्तुत कविता मानव जीवन के सबसे ऊर्जावान और निर्णायक पड़ाव का चित्रण है। यौवन संघर्ष, सामर्थ्य और सृजन की वह संधि है जहाँ व्यक्ति अपने भविष्य और चरित्र की नींव रखता है। यह कविता युवा मन के अंतर्द्वंद्वों, सामाजिक उत्तरदायित्वों और राष्ट्र-निर्माण में उसकी भूमिका को रेखांकित करती है।

~~~~~~~~~~~~

तरुणाई की सांझ ढली,
यौवन का आया ज्वार,
हृदय प्रेम की ज्वाला,
बाहु में शक्ति का संचार।

कर्म अग्नि में तपे बदन,
सृजन का उल्लास सघन,
प्रशस्त होते कर्म पथ और,
बंध जाते दाम्पत्य बंधन।

लालसा-कर्तव्य-चाह,
संतुलन की कठिन राह।
~~~~~~~~~~~~

ऊर्जा चेष्टा के नए प्रयोग,
सौंदर्य संघर्ष का योग।

कंधों पर दायित्व का जब,
हो भारी भरकम भार,
यौवन ही है वह नाव जो,
कराए जीवन सागर पार।

आकांक्षाओं की तृष्णा तृषा,
अगणित सपनों का उन्माद,
यौवन की खेती में लगती,
अश्रु-रक्त-स्वेद की खाद।

शक्ति का संचार पग पग,
रगों में अतुल असीमित वेग,
अंबर छूने की है लालसा,
अभिलाषाओं का तीव्र उद्वेग।

प्रेम, प्रतिष्ठा, कामना,
और सृजन की प्यास,
रचता का है काल यह,
लिखता जो जीवन इतिहास।

न रुकने का है नाम यहाँ,
न थमने का कोई थान,
विपदाओं के व्यूह में भी,
खड़ा यौवन सीना तान।

नीति-अनीति के चयन में,
द्वंद्ध हृदय में चलता भारी,
चरित्र शुचिता के बचाव की,
कसौटी, सबसे बड़ी तैयारी।

स्वार्थ और परमार्थ बीच,
जब डोले मन का झूला,
युवा चेतना से ही होता,
परिवर्तन का पल में खेला।

समय की तीव्र लहरों पर,
जो लिखता गाथा मौन,
यौवन के पुरुषार्थ को,
रोक सका है कौन?

बदले जर्जर सोच समाज की,
दे जब भी नया दिशा-ज्ञान,
यौवन की ही मशाल से,
होता है श्रेष्ठ राष्ट्र निर्माण।

~~~~~~~~~~~~

यौवन मात्र व्यक्तिगत आकांक्षाओं की पूर्ति का साधन नहीं है। यह वह शक्तिपुंज है जो समाज की 'जर्जर सोच' को बदलने का सामर्थ्य रखता है। 'पुरुषार्थ' और 'मौन गाथा' के माध्यम से यह स्पष्ट किया गया है कि वास्तविक युवा वही है जो बाधाओं के चक्रव्यूह को भेदकर
~~~~~~~~~~~~

राष्ट्र और समाज के लिए पथ-प्रदर्शक बने। यह रचना उत्तरदायित्वबोध और उत्साह का संचार करने का एक प्रयास है।

11. संतुलन की डगर: मध्यवय

जीवन के विकासक्रम में 'मध्यवय' वह संधि-स्थल है, जहाँ अतीत की स्मृतियाँ और भविष्य की चिंताएं एक साथ आकर मिलती हैं। प्रस्तुत कविता 'संतुलन की डगर: मध्यवय' इसी पड़ाव की सूक्ष्म संवेदनाओं का काव्यात्मक विवेचन है। यह वह समय है जब व्यक्ति 'स्व' की परिधि से बाहर निकलकर 'पर' के कल्याण और स्थायित्व के लिए स्वयं को होम कर देता है। कविता का स्वर यह दर्शाता है कि अनुभव की धूप में तपकर मनुष्य कैसे 'कुंदन' बनता है। यह रचना जीवन के उस गुरुत्वाकर्षण को भी परिभाषित करती है, जहाँ ठहराव ही सबसे बड़ी उपलब्धि बन जाती है।

~~~~~~~~~~~~

उतरती यौवन की धूप जब,
अनुभव की मिलती छांव,
ज्ञान विवेक की चादर तले,
बढ़ते जाते जीवन के पांव।

पीछे जो कुछ छूट गया,
रहे यादों में संजोए नैन,
शेष बचे कुछ कार्य हैं,
~~~~~~~~~~~~

उन्हें पूरा करने को बेचैन।

अगली पीढ़ी के निर्माण में,
स्वयं हो जाना है होम,
लगे थकने काया मगर,
डटा अभी भी रोम रोम।

द्वंद्व यहाँ है त्याग का,
और संचय के बीच,
स्थायित्व के प्रयास में,
लगे कर्म-वृक्ष सींच।

पके हुए हैं आचार विचार,
गंभीर धीर और कभी जिद्दी,
दायित्वों की सीधी लकीर है,
कब होगी इनकी सिद्धि?

रिश्तों की उलझी डोर को,
सुलझाते धीमे धीमे हाथ,
भाती नहीं भीड़ अब,
ढूंढे अपनों का ही साथ।

गिनती सपनों की कम हुई,
अपनों की बढ़ती फिक्र,
खुद की चर्चा छोड़ अब,
बच्चों का ही है जिक्र।

चेहरे पर झुर्रियों की रेख,
अनुभवों का है प्रमाण,
तूफानों से जो लड़ चुके,
इन्हें लहरों का है ज्ञान।

न जोश की वह उग्रता,
न हार का भारी शोक,
भावों के तीव्र वेग को,
लेता विवेक अब रोक।

सफर आधा है बीत चुका,
आधा है सम्मुख शेष,
बदल रहे हैं धीरे-धीरे,
तन-मन के अंतर्देश।

संतुलन की एक डोर पर,
सधता है अब मन-प्राण,
तपकर कुंदन है बना,
यही है प्रकृति का दान।

अस्ताचल की ओर बढ़ चली,
इस वय का है आदर-मान,
ठहराव की इस देहरी पर,
अतृप्ति को मिलता विश्राम।

~~~~~~~~~~
~~~~~~~~~~

यह कविता मध्यवय को केवल शरीर के थकने या झुर्रियों के आने का काल नहीं मानती, बल्कि इसे 'सिद्धि और शुद्धि' का काल मानती है। 'दायित्वों की सीधी लकीर' और 'अतृप्ति का विश्राम' जैसे बिम्ब इस सत्य को उद्घाटित करते हैं कि जीवन का असली संतुलन भौतिक संचय में नहीं, बल्कि मानसिक शांति और नई पीढ़ी के लिए मार्ग प्रशस्त करने में है। कवि ने बड़ी कुशलता से यह संदेश दिया है कि अस्ताचल की ओर बढ़ना पतन नहीं, बल्कि एक गरिमामय पूर्णता की ओर प्रस्थान है। यह कविता हर उस व्यक्ति के लिए एक दर्पण है जो जीवन की दोपहर पार कर संध्या की शीतलता में कदम रख रहा है।

~~

12. संध्या का महा-आलोक: वृद्धावस्था

जीवन का अंतिम पड़ाव केवल शरीर की शिथिलता नहीं, बल्कि आत्मा की प्रखरता का काल होता है। प्रस्तुत कविता इसी सत्य को अभिव्यक्त करती है। जहाँ बचपन उमंग था और यौवन कर्म की अग्नि, वहीं वृद्धावस्था उस अग्नि के शांत होकर 'दिव्य प्रकाश' में बदल जाने की अवस्था है। यह कविता उस मनस्थिति का चित्रण है जहाँ मनुष्य संसार के कोलाहल से ऊपर उठकर 'मौन की झंकार' सुनने लगता है और मृत्यु को भय के रूप में नहीं, बल्कि 'नव-प्रवास' के रूप में स्वीकार करता है। यह रचना एक ऐसे यात्री का गीत है जिसने जीवन की नदिया पार कर ली है और अब ब्रह्म के तत्व में विलीन होने को अग्रसर है।

~~~~~~~~~~~~~

काया हुई शिथिल अब,
शिथिल हुआ वह वेग,
केश हो गए शुभ्र श्वेत,
जैसे पर्वत पर हिम-नेग।

यादों के दीप प्रदीप्त अब,
~~~~~~~~~~~~~

लौ जलती जिनकी मद्धिम,
बचा अब मन आकाश में,
समृतियों का ही उद्यम।

यात्रा पूरी कर आ गया,
यात्री थक कर क्लांत,
कोलाहल पथ का थम गया,
पर हृदय नहीं है शांत।

जीवन की देखो सांझ ढली,
ढल गयी प्रखर रश्मि-धार,
तट पर तरणी तैयार खड़ी,
जाने को सरिता पार।

अगली पीढ़ी में झलकता,
अपना ही बचपन आज,
परलोक की चौखट पर खड़े,
सुनते बीते कल के साज़।

ममता का शीतल वृक्ष बन ,
अब बैठे घर के द्वार,
आशीष प्यार के कोष से,
भर देते सबका संसार।

अनुभव की गठरी खोले,
बुद्धि, विवेक रहे बाँट,
समय की भट्टी में पके,

जीवन के अगणित पाठ।

कानों में रह रह गूंजती,
मौन की तीव्र झंकार,
माटी का ही खेल था,
है माटी का ही विस्तार।

झुर्रियों की हर रेख कहे,
छिपी कहानी साकार,
शब्दों से भी परे हुआ,
अब तो साक्षात्कार।

न कोई अब बैर बचा,
न रह गयी कोई चाह,
अंतिम सत्य की ओर ही,
अब दिखती सीधी राह।

अनंत अतीत झरोखों से,
झांकता, बीता हुआ वह काल,
हर्ष-विषाद के तानेबानों से बुने,
खुलते माया के भ्रम जाल।

जैसे कोई तरु पतझड़ में,
त्यागे पुराने पीले पात,
वैसे ही अब स्वीकारते,
जीवन की आती रात।

बैठ अकेले मौन में,
करते खुद से अब बात,
हँसकर विदा देते नित,
हर दिवस, एक सौगात।

कड़वाहट मन की धुल गई,
रहा शेष प्रेम-अनुराग,
राग-द्वेष से दूर अब,
जागा है मन में वैराग।

देह का पिंजरा हुआ,
जर्जर, जीर्ण और शीर्ण,
मुक्त होने को आतुर अब,
चाहे चेतना लोक विस्तीर्ण।

जैसे शाम को लौटते,
पक्षी अपने अपने नीड़,
वैसे ही अब मन करे,
चलो तज जग की भीड़।

ध्यान, भक्ति और साधना,
अंत समय के मीत,
मन ही मन गाते दोहराते,
परमात्मा के ही गीत।

जो खोया उसका खेद नहीं,
जो पाया, वह ईश्वर का दान,

जीवन के पूर्ण विराम में,
छिपा है यही महाज्ञान।

विरासत में सौंप चले,
संस्कारों की भारी थाती,
सत्य-कर्म के दीप जला,
पीढ़ियों को राह दिखाती।

इस जीवन का चक्र अब,
होने को है परिपूर्ण,
माया मोह मात्सर्य के पत्थर,
हो गए सब चूर-चूर।

अस्ताचल के सूर्य की,
लाली है अनूप-अनौखी,
मृत्यु का अब भय नहीं,
सानिध्य ईश्वर का बाकी।

कर प्रणाम जग को चले,
ले आखिरी मधुर निश्वास,
जीवन का यह अंत नहीं,
यह है नव-प्रवास।

ऋण मुक्त हो चले अब,
श्री चरणों की ओर,
पूर्ण हुई यह यात्रा,
मिली यात्रा की ठौर।

पड़ाव था यह आखिरी,
सार्थक देह अस्तित्व,
जीवन का इस अंत में,
मिला ब्रह्म का तत्व।

~~~~~~~~~~~~~

यह कविता जीवन के 'पूर्ण विराम' को एक 'महाज्ञान' के रूप में परिभाषित करती है। इस कविता में 'स्मृतियों के उद्यम' और 'संस्कारों की थाती' के माध्यम से यह संदेश दिया है कि देह भले ही जर्जर हो जाए, लेकिन मनुष्य द्वारा बोए गए सत्य और कर्म के बीज आने वाली पीढ़ियों का पथ प्रशस्त करते रहते हैं। 'माया-मोह-मात्सर्य' के चूर होने और 'वैराग' के जागने का यह वर्णन पाठक को संसार की नश्वरता और परलोक की शाश्वतता का बोध कराता है। यह कविता अपनी परिणति में यह सिद्ध करती है कि जीवन का अंत एक सार्थक अंत तभी है जब वह 'ब्रह्म तत्व' के साक्षात्कार के साथ हो। यह रचना एक विदाई और आत्मा की अनंत की ओर एक गरिमामय उड़ान है।

~~~~~~~~~~~~~

पांच पड़ाव जीवन के, हैं बहुमूल्य कीमती हार,
हर पड़ाव अनोखा अनुभव, अपना ही विस्तार।

सहेज कर रख लें अगर, हर अनुभव का ज्ञान,
जीवन सफल कहलाएगा, होगा मानव का उत्थान।

~~~~~~~~~~~~
~~~~~~~~~~~~

13. आँखें

यह कविता मानवीय संवेदनाओं और अंतर्मन के भावों का एक सूक्ष्म चित्रण है। आँखें केवल दृष्टि का माध्यम नहीं, बल्कि हृदय की मूक भाषा होती हैं। यह कविता आँखों के विविध रूपों - प्रेम, वात्सल्य, उत्साह, पीड़ा और क्रोध - को प्रतीकों के माध्यम से जीवंत करती है। कविता में इस शाश्वत सत्य को रेखांकित किया है कि चेहरा चाहे कितने भी मुखौटे पहन ले, आँखें कभी झूठ नहीं बोलतीं। यह रचना आँखों को सत्य के एक ऐसे दर्पण के रूप में प्रस्तुत करती है, जहाँ इंसान का असली व्यक्तित्व और उसकी अनकही कहानियाँ साफ झलकती हैं।

~~~~~~~~~~~~

सागर की चंचल लहरों में,
ज्यों पूर्ण चंद्र का हो प्रतिबिंब,
ले साथ घटाओं सी पलकें,
वे चंचल, अधीर, मादक आँखें।

वात्सल्य उमड़ता शांत नदी सा,
छिपी है जिनमें असीम वेदना,
नीर अधीर छलकने को,
~~~~~~~~~~~~

वो स्नेहमयी, ममतामयी आँखें।

तितली सी चंचलता जिनमें,
निर्मल नील गगन के जैसी,
कुछ पाने की हर पल अधीर,
वो जुगनू सी झिलमिल आँखें।

आकाश के टूटे तारों जैसी,
कहीं खो चुकी अपनी पहचान,
शून्य में खोई खोई सी,
वो मलिन, असहाय, कातर आँखें।

हृदय कंपाती जो जनमानस का,
तत्पर करने को कुछ आघात,
श्मशान में धधकती ज्वाला सी,
वो निर्मम, कठोर, पागल आँखें।

चेहरे पर हों कृत्रिम आवरण,
मुखौटे कितने भी रहें लगे,
सच का परिचय करवा ही जातीं,
मन का तो दर्पण हैं यह आँखें।

मुस्कान के पीछे विषाद छिपा हो,
या चेहरे पर हो नकली खुशी,
सच की परतें खोल के रख दें,
जब डालो आंखों में आँखें।

भय से काँपे होंठ, बोल न निकले,
आंखों की भाषा व्यथा बताए,
छल न सके कभी अंतर्मन को ,
पीड़ा मुखरित करती हैं आँखें।

प्रेम की लौ हो या हो द्वेष की आग,
चेहरों पर हों चाहे अलग स्वरूप,
अथाह भाव भी दिखला ही देती,
सत्यनिष्ठ होती हैं यह आँखें।

चेहरे बदलो, बदलो बोली,
नहीं बदलती हैं पर यह आँखें,
चुप हो लोग, पर बोलती आँखें,
स्वर देतीं मन-भाव को आँखें।

~~~~~~~~~~~~

यह कविता आँखों की 'मौन मुखरता' का प्रमाण है। शब्दों की सीमाएँ हो सकती हैं, पर आँखों की भाषा असीमित है। सत्य की खोज के लिए कहीं बाहर जाने की आवश्यकता नहीं, बस किसी की आँखों में झाँकना ही पर्याप्त है। यह कविता हमें दिखावे की दुनिया से परे जाकर इंसान की वास्तविक पीड़ा और प्रेम को समझने की गहरी दृष्टि प्रदान करती है। अंततः, यह आँखें ही हैं जो हमें हमारी मनुष्यता और सच्चाई से जोड़े रखती हैं।
~~~~~~~~~~~~

14. सत्ता

लोकतंत्र में जनता ही सर्वोपरि है, परंतु समय के साथ राजनीति की भूलभुलैया में जनभावनाओं को छला गया है। जब सत्ता की लोलुपता और कुर्सी का मोह आदर्शों पर हावी होने लगे, जब जाति, धर्म और भाषा के नाम पर विभाजन की लकीरें खींची जाने लगें, तब कविता केवल मनोरंजन नहीं रह जाती -वह एक 'चेतावनी' बन जाती है। यह कविता सत्ता के गलियारों में बैठे उन लोगों के प्रति एक कड़ा प्रतिकार है जो जनता की चुप्पी को उनकी अज्ञानता समझने की भूल कर बैठते हैं। यह उन रंग बदलते सियारों के मुखौटे उतारने और आम आदमी के भीतर सोए हुए 'भाग्यविधाता' को जगाने का एक आह्वाहन है।

~~~~~~~~~~~~

सत्ता की रबड़ी खाने को,
कुर्सी पर पैर जमाने को,
गठबंधन हैं बेमेल बने,
मनबंधन हैं बेमेल बने।

राजनीति के जंगल में,
गद्दी की गर्मी पाने को,
~~~~~~~~~~~~

रंग सियार भांति भांति के,
खाल ओढ़ कर हैं भेड़ बने।

कोई वर्ण जाति को दोहेगा,
कोई धर्म की चादर ओढ़ेगा,
कोई क्षेत्रवाद भड़कायेगा,
कोई भाषा पर आग लगाएगा।

खोखले वादों की बाढ़ में,
रुपयों की रिश्वत बांटी जाएगी,
मदिरा भोजन का लालच देंगे,
कोई झूठे भ्रम भी फैलाएगा।

हैं नहीं परन्तु हम विचार शून्य,
नियति, अपना हित समझते हैं,
न समझे हमें कोई मूर्ख निपट,
हम जनता हैं, सब जानते हैं।

वोट नहीं, हम भाग्यविधाता,
राष्ट्र मान के रखवाले हैं,
हम मौन खड़े, पर अंधे नहीं,
हम सच को परखने वाले हैं।

तख़्त गिरेगा, ताज झुकेगा,
जब जन-शक्ति टकराएगी,
सत्ता की इस अंधी दौड़ में,
जनता ही जीत कर आएगी!

~~~~~~~~~~~~

यह कविता इस शाश्वत सत्य को पुनर्स्थापित करती है कि सत्ता आती-जाती रहती है, गठबंधन बनते-बिगड़ते रहते हैं, लेकिन राष्ट्र की मूल शक्ति उसकी जनता की जागरूकता में निहित है। मतदाता अब केवल एक 'सांख्यिकीय आँकड़ा' नहीं, बल्कि पारखी नज़र रखने वाला एक सजग प्रहरी है। जब स्वार्थ की राजनीति मर्यादा की सीमाओं को लांघती है, तब जन-आक्रोश का ज्वार बड़े-बड़े सिंहासनों को उखाड़ फेंकने का सामर्थ्य रखता है। यह रचना एक विश्वास है - कि छल-कपट और लालच के कोहरे के बीच भी 'सत्य' और 'जनता' की जीत अनिवार्य है। यह कविता हर उस नागरिक की आवाज़ है जो देश के मान-सम्मान को अपनी प्राथमिकता मानता है।
~~~~~~~~~~~~

15. त्रासदी

“जब मौन भी घाव गिनने लगे,
तब शब्दों को तलवार होना पड़ता है।”

~~~~~~~~~~~~

जब अन्याय की पराकाष्ठा मानवीय सहनशीलता को चुनौती देने लगे, तब शोक का विलाप संकल्प की रणभेरी में बदल जाता है। 'त्रासदी' मौन की विवशता को त्यागकर चेतना के शंखनाद की ओर एक ओजस्वी काव्य-प्रवास है। यह कविता उस क्षण को समर्पित है जब एक व्यक्ति अपने भीतरी अंधकार और बाहरी शत्रुओं को परास्त करने के लिए आत्म-बोध की अग्नि में तपकर 'सैनिक' बन जाता है। यह पीड़ा से पुरुषार्थ तक की यात्रा है।

~~~~~~~~~~~~

त्रासदी की पदचाप हल्की,
ना कोई आहट, ना खटका,
दबे पाँव, पिछले दरवाज़े से,
घर के आंगन में आ धमकी।

चारदीवारी में कोई सुराख,
गाफिल पहरेदार, टूटा ताला,
समय की गफलत, अंधकार,
कोई कड़ी तो टूटी होगी।

जागे जब, तब तक देर हुई,
तन मन धन पर डाला डाका,
मुखर मौन, चित विचलित,
भारी विपदा, घनघोर घड़ी।

घर के मुख्य दरवाजे पर,
व्याघ भेड़िए कौवे चील,
जीभ लपकाए, घात लगाए
लार टपकाते, बैठे घेर ।

उखड़ी सांसों की गूंज,
नब्ज़ टटोलती परछाईं,
भागते कदमों की थाप,
एक सिसकी, मुक्त विलाप।

निशब्द देह, पुष्प, स्वेत चादर,
दूर मरघट का अंतिम प्रवास ,
चिताग्नि, एक काली मीनार,
झुके कंधे, मुरझाए निश्वास।

बयान, दावे, आरोपों की होड़,
कुत्सित कृत्य, अनेकों पाप,

घृणित सोच, लौलुप समाज,
बहती गंगा, धोते रक्त सने हाथ ।

निश्रंश कृत्य, भयंकर भूल,
विवेक शून्य विद्रुप मानस,
भस्मासुर वरदान, एक पग,
परिणाम होगा, महाविनाश।

छोड़ो अब यह मौन विवशता,
जागो, देखो, हो तेज प्रखर,
आलस्य त्याग, बनो चपल,
अलख जगाओ, बनो सबल।

प्राण चिंता ना देह मोह,
त्याग दधीचिसम, अनुष्ठान,
कर प्रतिज्ञा, बांध शिखा,
आज समर में हो बलिदान।

ले श्वास गहरी, हो प्रबुद्ध,
कठिन चुनौती, भीषण युद्ध,
हटा बंध बाधा, पथ के कांटे,
निश्चित विनाश, चाणक्य समान।

भूल वेदना, हर संताप,
संघर्ष निरंतर, द्वंद सतत्,
शंखनाद, रणभेरी उद्घोष,
आरंभ प्रचंड, हो अंतिम रण।

काल रात्रि, अंतिम प्रहर,
ब्रह्ममुहुर्त, रश्मि प्रबल
आवेग मनुष्य, अमोघ वार
हो असुर रोग का सर्वनाश।

~~~~~~~~~~~~

“त्रासदी” एक ऐसी काव्य यात्रा है जो दुख से आरंभ होती है और साहस पर समाप्त। यह कविता उस समाज की कथा है जिसने अन्याय को सहते-सहते मौन स्वीकार बना लिया, पर अंततः चेतना की अग्नि में पुनः जन्म पाया। यह सिर्फ एक शोकगीत नहीं - यह आत्मजागरण का शंखनाद है, जो मनुष्य को स्मरण कराता है कि हर त्रासदी अंत नहीं, बल्कि संघर्ष का आरंभ हो सकती है।

यह रचना केवल एक त्रासदी का अंत नहीं, बल्कि एक नए युग का सूत्रपात है। यह रेखांकित करती है कि न्याय की रक्षा के लिए 'दधीचि' जैसा त्याग और 'चाणक्य' जैसी कूटनीति अनिवार्य है। कविता का अंतिम स्वर यह पिश्वास दिलाता हे कि जब मनुष्य मोह और भय की शृंखलाएं तोड़कर रणक्षेत्र में उतरता है, तो काल-रात्रि का अंत और सत्य के सूर्य का उदय निश्चित है। यह 'अंतिम समर' वास्तव में अमानवीयता के विरुद्ध मानवता की शाश्वत विजय का उद्घोष है।
~~~~~~~~~~~~

16. जवाब दो !

जब सत्ता निश्चिंत हो सो जाए,तो उसे जगाना राष्ट्रधर्म है!

~~~~~~~~~~~~

लोकतंत्र की जीवंतता शासक की सक्रियता और नागरिक की मुखरता में निहित होती है। जब सत्ता अपने संकल्पों को विस्मृत कर निष्क्रियता के भँवर में फँस जाए, तब कविता जनता की सामूहिक चेतना का शंखनाद बन जाती है। 'जवाब दो' शीर्षक की यह रचना उसी जन-आक्रोश और अपेक्षा का दर्पण है, जो व्यवस्था के मौन को चीरकर उसे राष्ट्रधर्म, नैतिकता और जवाबदेही के प्रति सचेत करती है। यह कविता सोई हुई सत्ता के लिए एक चेतावनी भी है और जागृत राष्ट्र के लिए एक आह्वान भी।

~~~~~~~~~~~~

गूँजते धरा-गगन,
लो आज है तुम्हारा क्षण,
देश चाहता था तुम, हिंद की कमान लो।

मेरे मत के दान से,

आन, बान, शान से,
मेरे हिंद को आज, तुम संभाल लो।

प्रण करो और ठान लो,
ठान लो और प्रण करो,
हिंद की सरज़मीं, को सँवार दो।

देश की पुकार थी,
वक़्त की आवाज़ थी,
मेरे हिंद को फिर, एक उड़ान दो।

सर्वशक्तिमान बनो,
यत्न-जत्न-प्रयत्न करो,
मेरे प्यारे हिंद को, ऊंचाइयों का मान दो।

पर रीढ़ क्यों हुई तरल?
क्यों बैठे आज, घुटनों के बल?
मेरे हिंद को आज, तुम जवाब दो।

कैसा लिजलिजा यह छल,
क्यों हो रहे विफल,
देश पूछता है अब, जवाब दो।

कहाँ गया वो सीना प्रबल,
क्यों रगड़ रहे एड़ियाँ विकल,
मेरे देश की अस्मिता, को मान दो।

जवाब दो! जवाब दो!
मौन तोड़ो, कुछ तो बोलो,
मेरे देश के विश्वास, को जवाब दो।

टूटते विश्वास को,
जोड़ो आशाओं के तार को,
राष्ट्र-प्रजा के प्रश्नों का जवाब दो।

मद न करो सत्ता का अब,
सेवा की फिर राह चुनो,
आमजन को पुनः वो विश्वास दो।

निज स्वार्थ को त्याग दो,
जनहित को तुम मान दो,
देशहित में सारी शक्तियाँ उतार दो।

उठो, जागो, फिर सजग बनो,
नींद तोड़ो, तंद्रा छोड़ो,
मेरे हिंद के भविष्य को, सँवार दो।

देश आज पुकारता है फिर,
उठो जागो अब, जवाब दो!
जवाब दो! जवाब दो !! जवाब दो !!!

~~~~~~~~~~~~
~~~~~~~~~~~~

यह कविता सत्ता के सिंहासन पर आसीन उन प्रतिनिधियों को संबोधित एक प्रश्नपत्र है, जिन्हें जनता ने राष्ट्रहित और सेवा के उच्चतम आदर्शों के साथ देश की कमान सौंपी थी। यह कविता हर उस नागरिक के हृदय की पुकार है जो अपने 'हिंद' के लिए बेहतर भविष्य का स्वप्न देखता है और अपने नेताओं की 'तरल रीढ़' देखकर निराश होता है। यह रचना सत्ता को उसकी तंद्रा से जगाने, निज स्वार्थ को त्याग कर जन-सेवा के 'राष्ट्रधर्म' को पुनः अपनाने और राष्ट्र-प्रजा के विश्वास को पुनर्स्थापित करने का एक स्पष्ट, ज़ोरदार और अनिवार्य आह्वान है। देश, अपने भविष्य की अस्मिता पर प्रश्नचिन्ह लगते देख, अब मौन नहीं रहेगा; उसे कर्म चाहिए, उसे जवाब चाहिए।

यह कविता केवल प्रश्नों का संकलन नहीं, बल्कि सत्ता के अहंकार पर चोट और राष्ट्र के गौरव को पुनः प्राप्त करने का एक खाका है। यह रचना स्पष्ट करती है कि जनता द्वारा दी गई शक्ति कोई व्यक्तिगत जागीर नहीं, बल्कि एक 'ऋण' है जिसे जनसेवा और अटूट विश्वास के माध्यम से चुकाना अनिवार्य है। कवि का 'जवाब दो' का उद्घोष तब तक गूँजता रहेगा, जब तक सत्ता अपनी तंद्रा त्यागकर राष्ट्र के भविष्य को संवारने के लिए पुनः कर्मठता से उठ खड़ी नहीं होती। यह कविता सत्ता के आत्म-मंथन और देश के पुनरुत्थान की एक सशक्त आवाज़ है।

17. प्रतिकार

'प्रतिकार' अन्याय और अधर्म के विरुद्ध उठने वाली वह पहली हुंकार है जो तब जन्म लेती है जब सहनशीलता की पराकाष्ठा हो जाती है। यह कविता मानवीय संवेदनाओं के उस बिंदु को रेखांकित करती है जहाँ शांति और मौन अब विकल्प नहीं रह जाते। समाज में जब मर्यादाएँ टूटती हैं, निर्बल पर प्रहार होता है और नारी का सम्मान संकट में पड़ता है, तब अंतरात्मा से उठने वाला क्रोध 'प्रतिकार' का रूप लेता है। यह रचना कायरता त्यागकर आत्मसम्मान और न्याय के लिए खड़े होने का आह्वान करती है।

~~~~~~~~~~~~

जब मतभेद बनें मनभेद,
जब वाणी दे दिल को छेद,
जब मर्यादा हो विच्छेद,
तब क्यों न प्रतिकार हो?

जब दुष्ट हों चारों ओर,
मिलकर लें अभिमन्यु घेर,
एक अकेले पर हों आघात,
तब क्यों न प्रतिकार हो?
~~~~~~~~~~~~

जब हो नारी का अपमान,
जब जाए बेबस की जान,
हो मदमस्त शक्ति का मान,
तब क्यों न प्रतिकार हो?

जब धर्म को जाकर भूल,
हो शक्तिमद में चूर,
कोई स्त्री का लूटे सम्मान,
तब क्यों न प्रतिकार हो?

जब सुने न कहीं कोई पीर,
छूटे घर आंगन की छांव,
प्राणों पर जब हो आघात,
तब क्यों न प्रतिकार हो?

जब प्रतिष्ठा पर हो दांव,
जब बचे न कोई छोर,
जब टूटे मन का धीर,
तब क्यों न प्रतिकार हो?

पी जा ग्लानि और क्रोध,
त्याग दारुण का रूप,
बन सशक्त, उठा अस्त्र शस्त्र,
अब बस प्रतिकार हो!

सोए मन को झकझोर,

जगा अंतर्मन की जोत,
तोड़ निद्रा, हो सजग,
अब बस प्रतिकार हो!

मुखरित कर हर मौन को,
न्याय की बन पुकार,
जनजन को दे ललकार,
अब बस प्रतिकार हो!

कर प्रतिज्ञा, ले संकल्प,
जनबल का ले कर संग,
उठा कदम, गाड़ ध्वजा,
अब बस प्रतिकार हो!

~~~~~~~~~~~~

कविता का समापन एक अत्यंत सशक्त संकल्प के साथ है। प्रतिकार का अर्थ केवल क्रोध की अभिव्यक्ति नहीं, बल्कि अन्याय के विरुद्ध एक सुसंगठित और दृढ़ निश्चय वाली लड़ाई है। यह कविता 'क्यों न प्रतिकार हो' के प्रश्न से शुरू होकर 'अब बस प्रतिकार हो' के उद्घोष तक पहुँचती है, जो इस बात का प्रतीक है कि जब शब्द और संवाद निष्फल हो जाएँ, तब शक्ति और न्याय की पुकार ही एकमात्र मार्ग है। यह रचना व्यक्ति को उसकी सोई हुई चेतना से जगाकर धर्म और सत्य की स्थापना के लिए प्रेरित करती है।
~~~~~~~~~~~~

18. जागृति

'जागृति' कविता समकालीन समाज के नैतिक पतन और मानवीय मूल्यों के क्षरण पर आधारित एक रचना है। 'समुद्र मंथन' के पौराणिक रूपक के माध्यम से आधुनिक युग के छल-कपट, सत्ता की लोलुपता और नीति-अनीति के द्वंद्व को बड़ी प्रखरता से उकेरा है। जहाँ एक ओर समाज में 'रंगे सियारों' का वर्चस्व बढ़ रहा है और अधर्म द्वारा धर्म को रौंदा जा रहा है, वहीं दूसरी ओर यह कविता निराशा के उस अंधकार में एक 'प्रभाती' (सुबह का गीत) बनकर आती है। यह रचना केवल एक अवलोकन नहीं, बल्कि तटस्थ बैठे व्यक्ति को उसकी तंद्रा से जगाने का शंखनाद है, जो उसे अपनी भुजाओं के बल पर एक सरल और न्यायपूर्ण विश्व गढ़ने के लिए प्रेरित करती है।

~~~~~~

मंथन समुद्र का आरंभ देख,
दानव देवों का भीषण द्वंद देख,
कुटिल कारकों का षड्यंत्र देख,
निष्ठा का छल से संघर्ष देख।

निज हित पूर्ति के यत्न देख,
रंगे सियारों का हुड़दंग देख,
~~~~~~

सत्ता लोलुपता के प्रयत्न देख,
कालिख से पुते इनके अंग देख।

विषधरों की टेढ़ी चाल देख,
मृदु मुख पर कुटिल भाव देख,
नीति पर अनीति की जीत देख,
सत्य को ठगता असत्य देख।

देख वसुधा का रुदन देख,
न्याय हुआ अब वक्र देख,
धन पर बैठे लोभी व्यग्र देख,
अधर्म रौंदता धर्म देख।

इस युग के नए संकेत देख,
सीने पे लगते आघात देख,
कपट रूप व्याख्यान देख,
मानस का होता अपमान देख।

उठ देख तू अब तक सोया है,
जाग देख क्या क्या खोया है,
आंख खोल पुरुषार्थ जाग,
खोल भुजा कर्मार्थ जाग।

देख उदय का प्रभात देख,
उठा प्रबल भुजा फिर कर्म देख,
हो दृढ़ चेतन पी नाग गरल,
तू बना आज नया विश्व सरल।

देख तृष्णा की गहराई देख,
अंतस में लौटा प्रकाश देख,
देख समय का फिर फेर देख,
बन साक्षी सत्य की विजय देख ,

तंद्रा की मीठी अब तान तोड़,
जाग विरागी संघर्ष को दौड़।
यज्ञ कुंड में दे पूर्णाहुति प्रबल ,
उठ जाग पुनः कर धर्म सबल।।

~~~~~~~~~~~~

कविता का निष्कर्ष एक उच्चाकांक्षी संकल्प और आत्म-बोध की विजय में निहित है। अंतिम छंदों तक पहुँचते-पहुँचते कविता व्यक्तिगत पीड़ा से ऊपर उठकर समष्टिगत कल्याण की ओर मुड़ जाती है। जब तक व्यक्ति अपनी सुप्त चेतना को त्यागकर 'कर्म-कुंड' में अपनी आहुति नहीं देगा, तब तक समय का चक्र नहीं बदलेगा। यह रचना इस विश्वास के साथ समाप्त होती है कि सत्य की विजय केवल प्रतीक्षा करने से नहीं, बल्कि संघर्ष के मैदान में उतरने से होती है। 'जागृति' हमें सिखाती है कि विष को पीने की सामर्थ्य रखने वाला 'शिव' ही नवीन विश्व का सृजन कर सकता है। यह कविता हर उस अंतर्मन की पुकार है जो अंधकार को चीरकर सत्य के प्रकाश की स्थापना करना चाहता है।
~~~~~~~~~~~~

19. कालरात्रि का अंत

यह कविता प्रकृति के रौद्र रूप और मानवीय जीवन के गहन संघर्षों का एक काव्यात्मक संगम है। कविता में उस भयावह समय का चित्रण है जब अंधकार अपनी पूरी शक्ति के साथ प्रकाश को निगलने का प्रयास करता है। कवि ने तूफान, गर्जन और प्रलयंकारी बादलों को केवल प्राकृतिक घटना मात्र नहीं माना, बल्कि इन्हें संसार में व्याप्त कुटिल शक्तियों और जीवन की विषम परिस्थितियों के प्रतीक के रूप में प्रस्तुत किया है। यह कविता पाठक को उस मानसिक धरातल पर ले जाती है जहाँ धैर्य और साहस की परीक्षा होती है, और यह विश्वास जगाती है कि चाहे रात्रि कितनी भी लंबी और वीभत्स क्यों न हो, सूर्य का उदय और सत्य की विजय अटल है।

~~~~~~~~~~~~

उस दिवस गगन में उमड़ घुमड़,
उन्मुक्त गजों से मदमस्त जलद,
वसुधा को संत्रास देने को,
थे प्रतिक्षण हो रहे अधीर।

सहस्त्र शंख सम गर्जन संग,
तड़ित का तांडव नर्तन था,
~~~~~~~~~~~~

था विवश छिपाने को मुख अपना,
जो कभी व्योम का मर्दन करता था।

उन कलुष मेघ के घूंघट में,
रवि की आभा छीण हुई,
खाल तिमिर की काली छाया में,
अबला ज्योति लीन हुई।

अंबर की चौड़ी छाती पर,
मात्र अंधकार की सत्ता थी,
व्यस्त वरुण उन्मुक्त नाद कर,
कर रहे घोषणा इस सत्ता की।

जो कभी हृदय को हर्षाता था,
वह मंद समीर था विक्षप्त हुआ,
दांत पीस कर हुंकार कर रहा,
वह सौम्या मुखौटा विलुप्त हुआ।

टकराने से उस प्रबल पवन के,
अवरोध चूर चूर होते थे,
इस छण सीना तान खड़े,
उस छण खंड खंड होते थे।

वे तरु शिखाएं जो कभी,
अंबर से सिर टकराती थीं,
मानों पृथ्वी को नमन करने को,
बारंबार छू छू जाती थीं।

किसलय पल्लव, नव कलियों का,
हो रहा क्रूर विस्थापन था,
सुमधुर कलरव शांत हो गया,
गूंजता विहगों का क्रंदन था।

समूह नृत्य में असंख्य चपलाएं,
नभ में थीं हाहाकार मचाती,
ले संगीत पार्श्व में गर्जन का,
उर धरा का थीं कंपाती।

असुरों का जैसे रूप धरा हो,
वीभत्स प्रलय के थे संकेत,
आभास यों मानों शिव ने,
क्रुद्ध हो खोले त्रिनेत्र।

कुटिल कारकों का षड्यंत्र,
हृदय काल का भी देता चीर,
हुए व्यथित जन इन घातों से,
लगा बरसने आंखों से नीर।

थे गगन में तीक्ष्ण प्रकंपन,
अनगनित झंझा के झटके,
प्रतिक्षण देते असीम वेदना,
लगे स्वार्थ सिद्धि में बेखटके।

समय चक्र लेकिन ऐसा पलटा,

कुटिलों की शक्ति छीण हुई,
अभय सूर्य के तेज प्रताप से,
वर्षा वरुण क्रमशः मौन हुए।

संघर्ष कठिन था उस दिवस बहुत,
पर विजय प्रकाश की निश्चित थी,
छण छण पल पल हुआ प्रकाश प्रबल,
प्रलय के कारक विदीर्ण हुए।

रवि ज्योति ने हो उत्साहित,
तिमिर का क्रमशः सर्वनाश किया,
प्रथम किरण ने धरा को चूमा,
कालरात्रि के मित्र मिटे।

विहग वृंद ने हो पुलकित,
कलरव कर यह उद्घोष किया।
जलचर नभचर और भूमिचरों ने,
फिर पृथ्वी पर उल्लास किया।

~~~~~~~~~~~~

कविता का समापन केवल एक शांत सुबह का वर्णन नहीं है, बल्कि यह अंधकार पर प्रकाश की नैतिक विजय का उद्घोष है। कुटिलताओं और षड्यंत्रों की शक्ति कितनी भी प्रचंड क्यों न दिखे, वे समय के चक्र के सामने अंततः क्षीण होती हैं। "कालरात्रि के मित्र मिटे" जैसी पंक्तियाँ यह संदेश देती हैं कि नकारात्मकता का साथ देने वाले तत्वों का अंत निश्चित है। अंततः, पक्षियों का कलरव और वसुधा पर फैला
~~~~~~~~~~~~

उल्लास इस बात का प्रतीक है कि संघर्ष के बाद प्राप्त शांति और स्वतंत्रता अधिक मूल्यवान और आनंदमयी होती है। यह कविता पाठक को एक चिरस्थायी आशा और सकारात्मकता के बोध के साथ विदा करती है।

20. मां, तेरे हाथों का जादू !

दुनिया के तमाम पकवान एक तरफ और माँ के हाथ का सादा भोजन एक तरफ। माँ की रसोई केवल मसालों और चूल्हे का संगम नहीं, बल्कि वह ममता, धैर्य और निस्वार्थ प्रेम की पहली पाठशाला है। 'माँ, तेरे हाथों का जादू!' कविता उन स्मृतियों का एक मधुर कोलाज है, जो हमें घर की देहली से दूर होकर भी उस सुगंध से जोड़े रखती है। यह कविता मात्र व्यंजनों का वर्णन नहीं, बल्कि एक बच्चे का अपनी माँ के प्रति वह आभार है, जो स्वाद के जरिए रूह तक उतरता है। आइए, स्मृतियों की इस थाली का आनंद लें।

~~~~~~~~~~~~

स्वाद सुगंध का योग अनोखा,
अक्सर याद दिलाए,
रसोई में कड़छी की खनक,
और तड़के की महक,
आंख मूंद महसूस करे,
सुकून भरे वो शीतल कतरे,
मां तेरे हाथों का जादू, सीधे मन के भीतर उतरे।

रविवार की दुपहरी,
~~~~~~~~~~~~

जब भूख की हो अंगड़ाई,
राजमा की भीनी खुशबू,
चावल पे भाप के बादल,
उंगलियों में घूम, कौर बन,
मुंह में घुल घुल जाएं,
मां तेरे हाथों का जादू, रिमझिम प्यार बरसाए।

कभी अचानक मन किया,
आज छोले भटूरे हो जाएं,
चटखारों के तूफानों में,
पल में थाल चट कर जाएं,
गर्म मसाले की हल्की आहट,
संतोष बड़ा दे जाए,
मां तेरे हाथों का जादू, मुंह में बरबस पानी ले आए।

और जो कभी हो,
आलू पूरी की दस्तक,
नर्म नर्म पूरी संग,
गर्म तरी आलू की बंदिश,
सौ जादू बिखेरे,
तन में खुमार दे जाए,
मां तेरे हाथों का जादू, प्यार बन छा जाए।

किसी शाम जब दाल चावल,
सादा ही बन पाए,
या खिचड़ी के चारों यारों का,
साथ हो जाए,

दही, पापड़, घी, अचार,
खिचड़ी में रच बस जाएं,
मां तेरे हाथों का जादू, यकायक याद आ जाए।

सर्दी की गुलाबी सुबह,
पराठों पे माखन जो आए,
परत परत खुलते खुलते,
कई तिलिस्म तोड़ जाएं,
पनीर, आलू या गोभी मूली की
लोई बने जब,
मां तेरे हाथों का जादू, मन को तृप्त कर जाए।

या फिर कभी जब,
रसम सांभर बने तो,
चटनी चावल के साथ,
इमली धनिए का संगम,
खुशबू फैलाए भूख जगाए,
एहसास स्वर्ग का कराए,
मां तेरे हाथों का जादू, मंद मुस्कान दे जाए।

यादों की थाली यूं सजती संवरती,
सदा हर्षाती रहे,
निवाले निराले स्वाद में लिपटे,
याद आते रहें,
मां की थाली न भूले,
जायके खुशबू न बिसरे,
मां तेरे हाथों का जादू, यूहीं गुदगुदाता याद आता रहे।

~~~~~~~~~~~~

समय बदल जाता है, स्वाद की जगह 'मेनू' ले लेते हैं और रसोई आधुनिक हो जाती है, लेकिन माँ के हाथों का वो 'तिलिस्म' कभी पुराना नहीं पड़ता। यह रचना हमें एहसास कराती है कि 'जायका' केवल जीभ तक सीमित नहीं होता; जब उसमें माँ की ममता घुल जाए, तो वह तृप्ति बन जाता है। यह कविता पढ़ते हुए हर पाठक की आँखों में अपनी माँ की मुस्कान और कानों में कड़छी की वो मधुर खनक गूँजने लगती है, जो जीवन की सबसे बड़ी पूंजी है। सच ही है, माँ के हाथ का जादू ही है जो यादों को सदा मीठा और ताज़ा बनाए रखता है।
~~~~~~~~~~~~

21. अंतिम अभिसार

'अंतिम अभिसार' विदाई की वेला पर रची गई एक रचना है। यह कविता उस संक्रमण काल का चित्रण करती है, जब कोई व्यक्ति बीते हुए समय की मीठी यादों और आने वाले भविष्य की अनिश्चितता के बीच खड़ा होता है। 'अभिसार' शब्द सामान्यतः मिलन का प्रतीक है, किंतु यहाँ 'अंतिम अभिसार' उस विदा की घड़ी को संबोधित है, जहाँ स्मृतियों का मिलन हृदय की गहराइयों से हो रहा है। यह कविता परिचय के प्रथम क्षण से लेकर विदाई के 'पूर्ण विराम' तक की भावनात्मक यात्रा का एक शाब्दिक चित्र-संधि प्रस्तुत करती है।

~~~~~~~~~~~~

कुछ अस्पष्ट ताने-बानों में उलझे,
मन में अभिलाषाएं लिए विशेष,
स्मरण हो रहा आज निरंतर,
वो अनजाना सा प्रथम प्रवेश।

नितांत अपरिचित चेहरों में,
विस्मित नेत्र ढूंढते कुछ विश्वास,
कोलाहल में मुखरित होते थे ,
आशा के वे मधुमय निश्वास।
~~~~~~~~~~~~

चकित नेत्रों का हर अवलोकन,
क्षण-क्षण बदलता हृदय का दोलन,
एक नए अनुभव का एहसास,
छलकता भय मिश्रित उल्लास।

दीवारों दरवाजों पर खोजते,
परिचय के वे दुर्लभ कण,
दुविधा और संकोच में बीते,
वे मधुर, मनोहर, पुलकित क्षण।

थी एक मीठे स्वप्न की हलचल,
कोमल मन में एक मृदु संगीत,
व्याकुल हृदय में उद्वेग उमड़ता,
आशाओं के थे प्रेरक गीत।

जीवन की हो अविराम साधना,
उत्साह उमंग का था ज्वार चढ़ा,
प्रतिकूल पवन में भी पार मिलेंगे,
ऐसा था दृढ़ विश्वास बड़ा ।

बीते कितने काल, दिवस, माह,
इसका कुछ न भान रहा,
खत्म हुए वे मधुर दिवस,
शेष मात्र अवसान रहा।

शेष रहीं कुछ अपूर्ण इच्छाएं,

कभी न पूरी होने को,
हैं विवश टूटते तारों जैसे,
इस जीवन सिंधु में खोने को।

लगा सामने एक प्रश्न चिन्ह,
चहुंदिश शून्य उभरता है।
अकुलाता हृदय डूब रहा,
आंखों से नीर छलकता है।

उदास, गंभीर तरंगों से कुछ भाव,
आज हृदय में उठते हैं।
कोशिश करता व्यक्त करने को,
पर शब्द नहीं अब मिलते हैं।

दे रहा आज यह अंतिम विदा,
याद रहे जो सर्वदा।
शुभकामनाओं के संग कह रहा,
अलविदा, अलविदा, अलविदा।

~~~~~~~~~~~~

यह कविता केवल बिछड़ने का शोक नहीं, बल्कि बीते हुए कालखंड के प्रति एक कृतज्ञता ज्ञापन है। 'शून्य' और 'अपूर्ण इच्छाओं' के माध्यम से मानवीय संवेदनाओं की उस रिक्तता को उभारा गया है जो किसी भी आत्मीय जुड़ाव के अंत में स्वाभाविक है। कविता का अंत नकारात्मकता में न होकर 'शुभकामनाओं' में होता है, जो यह संदेश देता है कि हर अंत एक नई शुरुआत की नींव होता है। 'अंतिम
~~~~~~~~~~~~

अभिसार' अपनी सरलता और मार्मिकता के कारण पाठक को स्वयं के जीवन के बीते अध्यायों की याद दिलाती है।

~~~~~~~~~~~~~

पथिक हैं हम सब, कहीं फिर मिल ही जाएंगे,
यादों की इन कलियों को, संग लिए हम जाएंगे।

ये जो शून्य सा दिखता है, यात्रा का है अंत नहीं,
कल सूरज जब निकलेगा, नयी राह पर जाएंगे।

~~~~~~~~~~~~~

www.ingramcontent.com/pod-product-compliance
Lightning Source LLC
Chambersburg PA
CBHW070644240926
51846CB00003BA/779
* 9 7 8 9 3 7 5 2 7 8 0 5 4 *